AF279266

Nei González Lorenzo

APULEYO EDICIONES   FOMENTO DE VALORES   CUENTOS ILUSTRADOS

SOMOS DE COLORES

APULEYO EDICIONES — FOMENTO DE VALORES — CUENTOS ILUSTRADOS

A mis dos madres: María y Josefina, a mis dos padres,
Guillermo y Julián. A mi famila.
A mi hija Coral, por compartir conmigo sus colores. A Javi, mi
compañero de viaje, por acompañarme en cada paso.
¡Gracias!

En el país de los colores hay tres ciudades, las tres con sus casas, sus calles, sus coles y sus habitantes redonditos como pelotitas.

En Ciudad Azul todas las calles son azules, con cuestas azules, casas azules, coles azules, farmacias azules, con sus medicamentos azules, tiendas de chuches, librerías y parques con bancos, todos azules, para que se sienten los habitantes redonditos como pelotitas azules, con sus hijas y sus hijos azules.

Lo mismo pasa en Ciudad Roja y en Ciudad Amarilla. Las tres ciudades son iguales, pero nunca se mezclan, no comparten ni se comunican. Bueno, hay una cosa que las une y es que por todas ellas pasa el mágico Río Blanco.

Los habitantes de las tres ciudades tienen mucho cuidado de no tocar nunca el Río Blanco, porque piensan que si lo tocan, entonces ya no volverán a ser iguales. Así es que el mágico Río Blanco corre tranquilo por las tres ciudades, pasando por debajo de tres coloridos puentes: un puente azul, un puente rojo y uno amarillo; cada uno de ellos bien cuidado por pequeños redonditos que se ocupan de que ningún color esté fuera de su ciudad.

Una tarde, sin embargo, mientras las niñas y los niños de Ciudad Amarilla jugaban cerca del mágico Río Blanco, vieron en él algo diferente. ¡No era del todo blanco! En medio de su cauce podía verse un nuevo color, era algo que se movía dentro del río y dejaba a su paso una estela de un tímido color rojo.

Las niñas y los niños miraron y miraron con ojos grandes y curiosos, hasta que aquello que se movía dentro del mágico Río Blanco se acercó a la orilla y salió despacio, dejando una gran mancha blanca sobre la hierba amarilla.

Hubo un silencio muy largo, tras el cual, los ojos se abrían cada vez más, pudieron ver que se trataba de un pequeño redondito que les saludaba con la más tierna de las sonrisas.

—¡Hola! —dijo el redondito —. ¡Me llamo Rosa y acabo de nacer!

Las niñas y niños amarillos, redonditos como pelotitas, corrieron enseguida para mirarla de cerca. ¡No lo podían creer!

—¿Cómo naciste?

—¿Por qué tienes ese color?

—¿Dónde está tu mamá… y tu papá?

—¿Eres chica o chico?

El pequeño Rosa intentaba escuchar todo lo que podía, pero eran muchas preguntas y él tampoco sabía cómo responder a todas, así que contó lo que sabía hasta el momento.

—¡Recuerdo algo! —dijo el redondito Rosa.

—¡Cuenta, cuenta! —le pidieron.

Entonces, redondito Rosa comenzó a contar.

Resulta que un redondito rojo se acercó al mágico Río Blanco, era de esos redonditos curiosos e inquietos, de esos que tienen muchas preguntas en la cabeza y, aunque sabía que no debía tocar el Río Blanco, quiso probar y entró en él. Entró y salió muy muy rápido, pero dejó una mancha roja en el río, que se fue aclarando a medida que avanzaba la corriente.

—¡Tenemos que investigar qué ha pasado! —dijeron las redonditas y los redonditos de la Ciudad Amarilla.

Entonces caminaron por la orilla del Río porque querían acercarse a Ciudad Roja, pero antes tenían que pasar por el puente de Ciudad Azul. Aunque sabían que eso era algo prohibido, querían intentarlo, porque nada de malo hay en querer saber y explorar.

Se acercaron al puente de Ciudad Azul y vieron cómo, desde el otro lado, se acercaba corriendo una pequeña bolita, redonda y azul, agitando los brazos al tiempo que gritaba:

—¡Noooo, no podéis pasaaaaar!

Los redonditos amarillos se quedaron muy quietos y el pequeño Rosa se escondió detrás de ellos. Una de las redonditas amarillas dio un pasito de hormiga y se colocó frente al puente para

hablar con la pequeña bola redonda y azul, que corría desde la otra orilla.

—¡Holaaaaa! —le dijo.
—¡Alto, no- deis- ni- un- paso- más! —dijo el redondito azul intentando recuperar el aliento.

Cuando la bolita azul llegó hasta esta orilla del puente, estaba tan cansada y sudaba tanto que, al pasar su mano por la frente, las gotas de sudor azules fueron a parar a la cara de la bolita redonda y amarilla. Entonces pasó algo mágico;

sobre la cara de la amarillita asomaron unas preciosas
pecas verdes que iluminaron su mirada.

¿Qué había pasado?

Se miraron entre sí y comenzaron a reír. Al pequeño redondito Azul le causó tanta gracia que se tiró encima de la hierba amarilla, riendo a más no poder. Mientras hacía la croqueta y reía a todo pulmón, iba dejando una estela sobre la hierba de Ciudad Amarilla, era un color nuevo, muy diferente a ellos. Aquel descubrimiento hizo que su risa parara de golpe. Sorprendido, pequeño Azul corrió hasta colocarse encima del puente. Todas y todos los redonditos enmudecieron de asombro y fueron testigos de algo extraordinario.

Sobre la estela que había dejado el Azul en la hierba, comenzó a levantarse una pequeña pelotita redonda, de ojos muy grandes, que les miró con una sonrisa super brillante.

—¡Hola, me llamo Verde y acabo de nacer!

Al instante, comenzaron a hablar todos de golpe y volvieron las mismas preguntas.

—¿Por qué tienes ese color?

—¿Dónde está tu mamá... y tu papá?

—¿Eres chica o chico?

El pequeño Rosa salió de detrás de las pequeñas pelotitas redondas y amarillas y se colocó frente al pequeño Verde. Esta vez era todo más fácil de comprender.

—¡Eres como yo! —dijo el pequeño Rosa—. ¡Ya sé cómo he nacido!

Pequeño Azul se desmayó sobre el puente mientras los demás colores intentaban comprender lo sucedido.

—¡Ya está todo claro! —gritó el redondito Rosa.

—¡Redondito Verde y yo hemos nacido de la unión de dos colores!

Los demás no paraban de preguntar:

-¿Pero sois chicas o chicos... sois chicas o chicos?

Pequeño Rosa miró su cuerpo, sus manos; miró a redondito Verde y dijo:

—Soy un color, solo eso.

Entonces, las miradas amarillas se posaron sobre redondito Verde, que también miraba sus manos y su cuerpo.

—¿Qué? ¿Qué miráis?

—Queremos saber, ¿tú qué eres?

—Yo soy un color, solo eso... ¡Soy un lindo color brillante! ¡Y me encantaaaaaa!

Volvieron las risas y las risas. Despertaron a redondito Azul, que frotaba sus ojos intentando entender, pero no tuvo tiempo de nada porque el Verde lo tomó de la mano y lo invitó a unirse a la fiesta.

En medio de todo el jaleo, los Amarillitos vieron que la hierba lucía mucho más bonita con el color verde, por lo que le pidieron a pequeño Azul que hiciera la croqueta por toda la hierba y los amarillitos cruzaron el puente e hicieron lo mismo al otro lado, sobre la hierba de Ciudad Azul.

Una vez que estaba toda la yerba verde y brillante, decidieron ir a la próxima ciudad para compartir el descubrimiento con las niñas y los niños de Ciudad Roja.

Lo que antes era un grupo de niñas y niños de un solo color, se había vuelto un grupo colorido que avanzaba feliz, cambiando los colores de la vida a su paso.

Delante, el redondito Rosa y el pequeño Verde danzaban y tocaban las plantas y las flores, les seguían las pequeñas bolitas amarillas, que también tocaban las flores que encontraban, convirtiendo el paisaje en una explosión de flores rosas, amarillas y azules; así, hasta que llegaron al puente rojo de Ciudad Roja.

El colorido grupo detuvo la marcha al pie del gran puente Rojo y vieron cómo una graciosa bolita roja corría hacia este lado sin dejar de mirar. Cuando el pequeño Rojo llegó, no podía hablar, su boca se abrió de tal manera que no le salían las palabras.

—¡Hola! —dijo la pequeña bolita Azul mientras pasaba la mano delante de la cara del redondito Rojo, haciendo un chasquido de dedos en cada pase para ayudarlo a salir de su asombro—. Será mejor que cierres la boca, tenemos mucho que contarte.

—Queremos enseñarte algo —le dijo el Verde mientras le mostraba la paleta de colores que habían logrado hacer por el camino.

—Ohhhh, ¿por qué la hierba de ciudad Azul ya no es azul?
—¿Cómo lo habéis hecho?

Los redonditos contaron al pequeño Rojo cómo fue que mezclando el Azul y el Amarillo nació el Verde; y también le contaron que pequeño Rosa había nacido de la unión de un redondito Rojo con el blanco del mágico Río Blanco.

En ese momento, a pequeño Rojo comenzaron a sudarle las manos y sus ojos comenzaron a bailarle dentro de las cuencas. No quería mirar a la cara a los colores que tenía delante y, sin más, comenzó a llorar.

—Lo siento mucho —decía mientras se recostaba en el azul tronco de un árbol que estaba de este lado del puente.

—Yo no quería hacer daño a nadie, solo quería saber —decía sin parar de llorar.

Pequeño Rosa se acercó al redondito Rojo y le dijo:

—Tú no has hecho nada malo, eres un color, no puedes evitarlo. Mira, mira a tus pies y mira el tronco del árbol.

Cuando la pequeña bolita Roja miró a sus pies, vio que se encontraba en medio de un charco marrón y que el tronco donde se había recostado tenía el mismo color; con asombro, pudo contemplar el nacimiento de un nuevo color.

De en medio de aquel charco marrón salió contenta y rebotando una pelotita que no paraba de saltar y correr.

—¡Yupiiiiii! —gritaba el pequeño recién llegado—. Siento dentro de mi tripita el calor y el amor del Rojo y la belleza y la luz del Verde.

Cuando al fin dejó de dar botes, se quedó mirando al resto, y entonces dijo:

—¡Hola, soy Marrón y acabo de nacer!

El pequeño Rojo lo miró y le hizo la pregunta inevitable, la única pregunta que hasta ahora no tenía respuesta para él.

—Eh, marrón, ¿y tú eres chico o chica?

Los pequeños Verde y Rosa se acercaron a Marrón y los tres se miraron, sabiendo que para esa pregunta solo había una respuesta. Así que los tres dijeron al mismo tiempo:

—¡SOMOS DE COLORES!

Todas y todos los redonditos pasaron la tarde descubriendo las infinitas posibilidades que tenían para sumar colores. El pequeño Rojo confesó que había sido él quien había entrado al mágico Río Blanco, algo que ya sabían los demás colores.

El mágico Río Blanco se sumó al festejo, salpicando gran parte de la hierba de Ciudad Roja para que el Verde pudiera teñirla mejor y no quedara todo marrón; el Rojo tendió una mano al Azul y otra al Amarillo; y vieron cómo nacían dos nuevas pelotitas redondas y traviesas que llenaron de Morado y Naranja gran parte del paisaje. Era maravilloso ver cómo la vida los enseñaba a convivir.

Ahora tenían el poder de transformar. Podían unirse y dar vida a un nuevo color. Lo importante no era que fueran chicos o chicas, lo importante es que habían descubierto una nueva manera de existir, sabían que era mucho más bonito cuando compartían y se mezclaban.

Acababan de asistir a un momento único, el momento en el que el mundo se llenó de colores.

SOMOS DE COLORES

APULEYO EDICIONES   FOMENTO DE VALORES   CUENTOS ILUSTRADOS

Nei González Lorenzo

APULEYO EDICIONES   FOMENTO DE VALORES   CUENTOS ILUSTRADOS